Das menschliche Zusammenleben

Bibliografische Information der Deutschen Nationalbibliothek
Die Deutsche Nationalbibliothek verzeichnet diese Publikation
in der Deutschen Nationalbibliografie;
detaillierte bibliografische Daten sind im Internet über
http://dnb.dnb.de abrufbar.

Herstellung und Verlag: BoD – Books on Demand, Norderstedt
Texte und Illustrationen: Dr. Paul Meyer
Gestaltung und Satz: Sabine Lachnit
Schriften: Minion Pro, Montserrat, Montserrat Alternates
Papier: Cremeweiss 90 gsm
ISBN: 978-3-7528-0247-4

Das menschliche Zusammen=leben

Dr. Paul Meyer

Vorwort

Kein Mensch lebt für sich allein. Wir erfahren uns immer auch im Zusammenleben mit anderen Menschen. Die Formen unseres Zusammenlebens sind überaus vielfältig. Über diese Vielfalt gibt das vorliegende Buch in verständlicher Darstellung einen kurzen und dennoch umfassenden Überblick: Der beginnt mit den zwischenmenschlichen Beziehungen in unserem näheren Umfeld, über die wir unsere ersten Prägungen erhalten. In der Regel sind unsere ersten Bezugspersonen die Angehörigen unserer Familie. Weitere Prägungen kommen bald aus dem weiteren Umfeld. Umgekehrt beginnen wir mit wachsenden Kräften selbst Einfluss auf unsere Umgebung zu nehmen. Wir schließen uns Gruppierungen an, die für unser

Leben von Bedeutung sein können. Bestimmend für unsere weitere persönliche Entwicklung sind die, je nach Situation und eigenem Bestreben, ergriffenen Bildungsmöglichkeiten in Schule und Beruf.

Die Frage nach weiteren Einflüssen auf unser Leben führt uns zur Bedeutung der Wirtschaft und zu den unterschiedlichen Formen von Organisationen und deren Führung. Andere hier zu behandelnde Themen sind die in jüngerer Zeit begonnene Explosion des weltweiten menschlichen Wissens und die Probleme seiner Anwendung. Das Geflecht der Beziehungen zwischen den Menschen wird immer komplizierter, je größer die Systeme sind, mit denen wir zu tun haben: Kommune, Land, Staat, Europa, internationale Beziehungen. Einzelstaaten haben dabei immer auch Beziehungen nach außen zu anderen Staaten. Von einer anderen Qualität sind schließlich die regelmäßigen weltweiten Kontakte zwischen vielen Staaten. Man spricht heute schlicht von internationalen Beziehungen. Hier laufen Probleme zusammen, die uns alle betreffen. Dieses Buch kann natürlich nur die Verflechtungen des menschlichen Zusammenlebens in seinem Gesamtzusammenhang wiedergeben.

Für den Leser aber kann sich daraus die Anregung ergeben, die gewonnenen Kenntnisse zu vertiefen. Damit verbindet sich die Möglichkeit, seinen Blick zu schärfen, einmal zur besseren Einschätzung der eigenen Person und Situation und zum anderen zur Einschätzung der Denkweisen und Entwicklungen der Menschen, denen wir begegnen oder von denen wir erfahren.

Mensch und Gesellschaft

Zweierbeziehung und Familie

Gruppen

Beruf und Wirtschaft

Mensch und Gesellschaft

Was sind zwischenmenschliche Beziehungen?

Menschen brauchen Menschen. Die Vorstellung, man könne alles für sich alleine, ist falsch. Manche, nicht nur Alleinstehende, schließen sich Gruppierungen oder Vereinen an. Die können geselliger, traditioneller, politischer, religiöser oder anderer Art sein. Ihre Anwärter auf Mitgliedschaft kommen oft mit der Erwartung, Verständnis und Anerkennung zu finden. Fragen wir auf einer belebten Straße einen Passanten nach der Uhrzeit, dann ist nicht sehr wahrscheinlich, dass wir diesem Menschen bald wieder begegnen. Wir erlebten mit ihm einen eher flüchtigen Kontakt. Ist es aber so, dass er oder sie vielleicht bei dieser kurzen Begegnung einen besonderen Eindruck auf uns gemacht hat, dann kann es geschehen, dass wir uns vielleicht noch einmal umdrehen. Nach dem ersten kann es zu einem zweiten Blick kommen und wohlmöglich zu einem weiteren Kontakt. Aus der flüchtigen Begegnung kann sich in einem Prozess der Annäherung allmählich eine zwischenmenschliche Beziehung zwischen zwei Menschen ergeben. Wir sprechen dann von einer Zweierbziehung als Grundform der Vereinigung in der menschlichen Gesellschaft.

Daraus entstehen weitere Grundformen. So gelten Familie und Gemeinde als Urzellen des menschlichen Zusammenlebens. Unsere gesamte Gesellschaft formt und bildet sich letztlich aus den Beziehungen zwischen den einzelnen Menschen. Wenn sich im Leben eines Menschen etwas bewegt, können dabei ganz unterschiedliche Felder berührt werden: Der Mensch kann in die Schule kommen, eine Ausbildung beginnen, kann eine Arbeit antreten, heiraten und anderes mehr. Immer geht es um zweierlei, um die Haltung des Menschen und um die Situation, in der er sich befindet. Die Haltung hat wiederum zwei Wurzeln, 1. die angeborenen Eigenschaften des Menschen und 2. das, was er inzwischen erfahren und erlernt hat. Die Situation, in der der Mensch lebt, hat ebenfalls zwei Wurzeln, 1. die sachliche, außermenschliche Umwelt (wie klimatische Bedingungen oder die allgemeine und persönliche wirtschaftliche Lage) und 2. die Haltung der anderen Menschen, mit denen er zu tun hat oder von denen er erfährt.

Wie verhalten sich Menschen in der Gesellschaft? Es gibt Prozesse des Zueinander und des Auseinander. Wir haben gesehen, wie sich aus einer zunächst flüchtigen Begegnung allmählich eine Annäherung und schließlich eine zwischenmenschliche Beziehung entwickeln kann. Die Annäherung kann aber auch schon vor oder nach der Vereinigung zum Konflikt führen. Konkurrenz und Opposition können uns wieder auf Distanz bringen. Bei den Prozessen des Zueinander und des Auseinander verkleinert oder vergrößert sich jeweils der Abstand zwischen den einzelnen Menschen. Dabei ist zu bedenken, dass jeder Mensch normalerweise eine Vielzahl von Beziehungen hat. Der einzelne Mensch kann Mitglied seiner Familie sein und zugleich verschiedenen Gruppierungen und Vereinen angehören und dazu über verschiedene Beziehungen mit seiner Berufswelt verbunden sein. Diese Lebensbereiche sind nicht nur mit ihm, sondern zugleich mit vielen anderen Menschen verbunden. Was uns hier speziell interessiert, ist nicht das körperliche und seelische Innere der einzelnen Menschen. Es ist vielmehr das Geflecht der Beziehungen zwischen den Menschen. Dieses Geflecht wird immer komplizierter, je größer die Systeme sind, mit denen wir zu tun haben: Familie, Freundeskreis, Staat, Staatengemeinschaft bis hin zu den Einrichtungen der internationalen Beziehungen, bei denen die großen Fragen unserer Lebenswelt zusammenlaufen. Was also sind zwischenmenschliche Beziehungen? Sie sind das riesige zusammenhängende Beziehungsgeflecht unserer menschlichen Gesellschaft. Man kann sagen: Sie sind unsere Gesellschaft selbst, wie sie sich aus den Beziehungen zwischen den einzelnen Menschen bildet und formt.

Wie entstehen Vorstellungen und Einstellungen?

Wir haben weiter oben im Abschnitt über zwischenmenschliche Beziehungen erfahren, dass unsere Handlungen außer durch die Situation, in der wir leben, auch durch unsere eigene Haltung mitbestimmt werden. Wir sahen, dass unsere Haltung zwei Wurzeln hat: Unsere angeborenen Eigenschaften und das, was wir erlebt haben. Um dieses Erlebte geht es jetzt hier. Schon in früher Kindheit erleben wir feste Einstellungen von Erwachsenen und müssen lernen, uns an feste Regelungen zu halten. Das nehmen wir so hin, weil wir damit aufwachsen und nichts anderes kennen. So sind die früh aufgenommenen Erfahrungen und Regeln in unserer Seele tief eingepflanzt. Oftmals wirken sie noch ein Leben lang nach. Bekannt ist zum Beispiel, dass frühe Erfahrungen von Angst und Hunger in einem Krieg und in der Zeit unmittelbar danach nicht aus dem Gedächtnis schwinden. Andere machen andere Erfahrungen, vielleicht in glücklicheren Situationen. Gegenseitiges Verstehen hängt auch davon mit ab, dass man sich von der Situation des Anderen ein Bild machen kann.

Dazu gehören neben dem ehrlichen Willen, den anderen zu verstehen, auch ein Mindestmaß an historischen und sozialen Grundkenntnissen. Solche Kenntnisse können uns unsere Lehrer in der Schule vermitteln oder andere Menschen, die sich mit den früheren Situationen und Sichtweisen beschäftigt haben. Immer geht es um Handlungen und dahinter stehende Überzeugungen, die die Menschen damals beeinflusst haben und heute weiter beeinflussen. Sie erscheinen den jeweils anderen Generationen oftmals völlig unverständlich. Denn jede Generation ist von unterschiedlichen Lebensbedingungen und Erfahrungen geprägt.

Wodurch sind wir geprägt?

Das, wo durch wir geprägt werden, hört mit dem in der Jugend Erfahrenem und Erlernten nicht auf. Wir werden im Leben weiter beeinflusst durch bestimmte Inhalte des Denkens oder durch unsere vielfältige Teilhabe an zwischenmenschlichen Prozessen. Nicht zuletzt kann sich unser eigenes Denken und Handeln an dem orientieren, was uns von älteren wie jüngeren Vorbildern als Beispiel vorgelebt wird. Immer spielt natürlich auch unser eigenes angeborenes Ich mit hinein. Sind wir offen für neue Gedanken und Beispiele? Oder leisten wir eher Widerstand gegen Einflüsse, die nicht unserer eigenen angestammten Meinung entsprechen? Stark ichbezogene Menschen können da ihre Schwierigkeiten haben. Andere sind offener für Neuorientierungen. Die Vielfalt der menschlichen Anlagen ist so gut wie unendlich. Ebenso vielfältig sind die Prägungen, die wir in unserer Jugend und im Laufe unseres weiteren Lebens erfahren können.

Eine konkrete Richtungsänderung unserer Einstellungen und Handlungen setzt immer voraus, dass wir in der jeweiligen Situation bereit sind, unsere Vorstellungen zu prüfen und uns auf anstehende Veränderungen einzustellen. Was sind im Einzelnen sichtbare Zeichen unserer Prägung? Auf der Straße begegnen wir einem Mädchen mit offenem Haar. Ein anderes Mädchen geht mit Kopftuch. Beide entsprechen ihrer jeweils erfahrenen Prägung. Ein Mann trägt Anzug und Krawatte, ein anderer Jeans und T-Shirt. So sind sie geprägt. Einer mag gerne klassische Musik, ein anderer lieber Popmusik. Abermals ist es die Prägung, die sich zeigt. Entsprechend ihrer Prägung fahren im Urlaub manche gerne ins Gebirge, andere ans Meer. Auch bei unserer beruflichen und geistigen Entwicklung sind vielschichtige frühere und spätere Prägungen mit beteiligt.

Was bedeuten Freiheit und Anpassung?

Freiheit im Bereich des menschlichen Zusammenlebens ist eine Wahlmöglichkeit zwischen mehreren Alternativen. Die gibt es beispielsweise bei der Partnerwahl, im Beruf und bei der Entscheidung, wofür man sein Geld ausgibt. Dabei achten wir normalerweise stets auf Verhaltensregeln und Normen, ohne die ein menschliches Zusammenleben gar nicht möglich erscheint. Ohne die Normen viel zu hinterfragen, passen wir uns in der Regel daran an. Wir nehmen sie als selbstverständlich und wissen, wie wir mit Familienmitgliedern, Freunden oder Fremden umzugehen haben. Viele Menschen sehen in ihrer jeweiligen Situation Anpassung als sinnvolle Möglichkeit. Andere haben es durch Ortswechsel oder Verlust der Heimat mit der Anpassung an ihre jeweilige Situation schwerer. Schließlich kommt es auch vor, dass Menschen bei der Verfolgung ihrer privaten Interessen von allgemeinen Verhaltensregeln bewusst abweichen. Dieses Buch will, wie erwähnt, über das menschliche Zusammenleben einen kurzen, aber umfassenden Überblick geben. Schon jetzt zeigt sich uns das, was wir menschliche Gesellschaft nennen, als ein vielschichtig verknüpftes Netzwerk.

Zweierbeziehung und Familie

Die Bedeutung
unserer Herkunft

In unserer Kindheit verinnerlichen wir in besonderem Maße die materiellen und sozialen Bedingungen des Milieus, in dem wir aufwachsen. Wir haben keine anderen Eindrücke und nehmen unser Umfeld als selbstverständlich an. Das früh Erlebte und Erfahrene wird in unseren weiteren Lebensstufen immer wieder von uns zum Maßstab gemacht oder zumindest zum Vergleich herangezogen. Die ersten Bindungen im Leben sind mit bestimmend für das, was wir mögen oder ablehnen. Die Menschen, mit denen wir uns vielleicht auf Anhieb verstehen, oder die wir nicht mögen. Wir können diese frühen Eindrücke bei unserer Abstammungsfamilie (Vater, Mutter,

Großeltern) gewinnen. Je nach der Situation, in der wir ins Leben treten, können wir auch bei anderen Menschen aufwachsen und bei ihnen entsprechende Früherfahrungen machen. Nach unseren ersten menschlichen Kontakten, in der Regel in der Familie und ihrem Umfeld, lernen wir Kinder aus der Nachbarschaft kennen. Im Spiel mit ihnen vollzieht sich ein weiterer Teil unserer anfänglichen persönlichen Entwicklung, erste Freundschaften entstehen. Was sind Freunde? Aus zahlreichen Netzwerkstudien ist bekannt: Freunde haben überwiegend ähnlich gegliederte Merkmale. Unsere Freude haben meist die gleichen Interessen, das gleiche Alter oder eine ähnliche Herkunft wie wir. Zur Zeit der Herrschaft von Königen und Adel über das Bürgertum war manchem Baby bei seiner Geburt schon vorgegeben, welche Aufgaben es später zu erfüllen hatte. Umgekehrt war für die anderen Neugeborenen damit schon festgelegt, welches Ansehen und welche Bildungschancen für sie nie zu erreichen waren.

Im Sinne einer größeren Gerechtigkeit für alle (Arbeiter, Angestellte, Beamte, Selbständige) wurde nach dem Zweiten Weltkrieg im deutschen Grundgesetz (Artikel 3, Absatz 3) festgelegt: Niemand darf aufgrund seiner Herkunft benachteiligt werden. Es gab einschneidende Veränderungen in unserer Gesellschaft. Aber auch heute, das bestätigen Ergebnisse der Eliteforschung, werden Ausbildungschancen und Aufstiegsmöglichkeiten noch immer und nicht zuletzt durch die Herkunft bestimmt. Hier geht es vor allem um Gleichheiten der Interessen.

Wie entstehen Partnerschaften?

Liebe entsteht nach dem Reißverschlussprinzip. Das lernen wir von dem Psychotherapeuten und Autor zahlreicher Bücher Wolfgang Krüger. Und so funktioniert es: Sie empfindet Interesse für ihn und sendet kleine Signale aus, zum Beispiel Blicke oder ein Lächeln. Er hat oder entwickelt auch Interesse und sendet seinerseits Signale. So gehen beide aufeinander zu. Wenn nur einer aktiv wirbt, verliert er langsam sein Interesse. Oder beide Seiten kommen sich schrittweise immer näher. Man kommt ins Gespräch, geht gemeinsamen Aktivitäten nach, lernt den Freundeskreis des anderen kennen und wird sich einig: Wir sind ein Paar. So ist die Partnerwahl alles andere als eine einseitige Entscheidung. Ihr vorausgegangen ist ein Prozess wechselseitiger Verständigung. Partnerschaften sind auf Dauer angelegt und beinhalten eine soziale Zusammengehörigkeit und gegenseitige Verpflichtung. Ihr Gelingen und ihre Beständigkeit hängen maßgeblich mit davon ab, dass wir lernen, auf gleicher Augenhöhe miteinander umzugehen.

Generationen im Wandel

Den biologischen Generationen (Kinder, Eltern, Großeltern und so fort) werden hier diejenigen gegenübergestellt, die aus dem menschlichen Zusammenleben entstanden sind. Ihre Namen hängen zusammen mit prägenden Generationenerlebnissen. So zum Beispiel die Skeptische Generation (geb. etwa 1910 – 1926), die

Zweierbeziehung

Abb. 1

Grundstruktur der Familie

Abb. 2

Flakhelfergeneration (geb. etwa 1926–1929), die Generation der Trümmer- und Flüchtlingskinder (geb. etwa 1930–1943) und die Generation Wirtschaftswunder (geb. etwa 1944–1955). Dabei hängen die bisherigen Namen alle mit Erlebnissen und Nachwirkungen des Zweiten Weltkrieges zusammen. Hinzu kommt da noch als letzte die Generation Babyboomer (geb. etwa 1955–1965). Sie verdankt ihren Namen den nach dem Zweiten Weltkrieg angestiegenen Geburtenraten.

Die Namen der jüngeren Generation klingen anders: Generation X (geb. etwa 1965–1980), Generation Y (geb. etwa 1980–2000) und Generation Z (geb. ab etwa 1998). Sie sind nicht mehr durch den Zweiten Weltkrieg gekennzeichnet. Ihre Generationenerlebnisse sind die Ereignisse und große Wandlungen unserer Zeit. Dazu gehören der rasante Anstieg menschlichen Wissens und die Bildungsexplosion, die vernichtende Beschädigung unserer natürlichen Umwelt, die nicht enden wollende atomare Bedrohung, aber auch der Anstieg des Wohlstands besonders in den früh industrialisierten Ländern. Das alles stellt unsere jüngeren Generationen vor völlig veränderte Lebenssituationen. Aus den neuen Situationen entstanden neue Einstellungen und Verhaltensweisen. Hier liegt auch ein Schlüssel für das gegenseitige Verstehen von älteren und jüngeren Generationen. Der bereits bei den Babyboomern festgestellte und in der Generation X gefestigte Wandel von Einstellungen und Verhaltensweisen fand in der Generation Y seine Verwirklichung. Hierzu erschien 2014 das Buch über die Generation Y von Kerstin Bund. Haupttenor: Wir wollen arbeiten und geben dabei alles, aber bitte im

Einklang mit unseren nötigen Bedürfnissen und Zeit für Familie und Freunde. Schließlich bleibt noch die Generation Z: Sie ist hineingeboren in das digitale Zeitalter und lernt den Umgang mit Computern spielend so, wie sie ihre Muttersprache erlernt.

Gene und Umwelt

Unsere Gene enthalten die komplette Information zur Entwicklung unseres Wesens. Aus ihnen entstehen beispielsweise unsere Hautfarbe, unsere Begabungen und unsere Schwächen. Der Mensch besteht aus 70 bis 100 Billionen Zellen. In dem kleinen Kern jeder einzelnen dieser Zellen ist vorgegeben, als was für ein Mensch wir auf die Welt kommen. Diese Informationen sind aufgereiht auf den rund 20 Chromosomen in jedem Zellkern. Jedes Chromosom ist ein in besonderer Weise aufgerollter Faden von bis zu 6 Zentimetern Länge. Ein Gen ist ein bestimmter Abschnitt auf einem dieser Fäden. Menschen haben etwa 30.000 bis 40.000 Gene. Die in jeder Zelle enthaltene Gesamterbinformation eines Menschen ist sein Genom, gebräuchliche Abkürzung: DNA (nach dem englischen Deoxyribo Nucleic Acid). Vergleiche ergaben: Alle Menschen sind zu 99,9 % genetisch gleich. Persönliche Besonderheiten liegen in den Varianten der restlichen 0,1 %. Die DNA eines Menschen ist unveränderlich und damit unverwechselbar.

Wir haben gesehen, wie sich nach einem Prozess wechselseitiger Verständigung eine Partnerschaft entwickeln kann. Geht aus dieser zwischenmenschlichen Beziehung ein Kind hervor, kommen zu der

Familie mit mehreren Kindern

Abb. 3

Patchworkfamilie

Abb. 4

bisherigen zwei weitere Beziehungen hinzu: Von der Mutter zum Kind und vom Vater zum Kind. Das so entstandene Beziehungsdreieck ist die Grundstruktur einer Familie. Kommen zum ersten Kind weitere hinzu, wächst auch die Zahl der Beziehungen. Eine wesentlich weiter gehende Differenzierung des Beziehungsgeflechts finden wir in einer Patchworkfamilie (von englisch patchwork, Flickwerk). Eine Patchworkfamilie ist eine Familie, bei der mindestens ein Kind aus einer früheren Beziehung stammt. In Deutschland ist jede 10. Familie eine Patchworkfamilie, mit steigender Tendenz. Jede Patchworkfamilie ist anders. Unsere Gene sind wichtig für uns und unsere Familien, unsere Umwelt auch. Umwelt, das sind nicht nur geografische, wirtschaftliche und soziale Rahmenbedingungen (sachliche Umwelt). Umwelt, das sind hier auch unsere Prägungen durch früher Erfahrenes und Erlerntes. Vor allem sind es die Erbanlagen und Prägungen der Menschen, mit denen wir zu tun hatten. Die biologischen Gegebenheiten unserer Gene sind mit den sozialen Bedingtheiten unserer Umwelt vielschichtig verknüpft.

Gruppen

Zugehörigkeit und Nichtzugehörigkeit

Nach Partnerschaft, Familie oder nachbarschaftlichem Umfeld erfahren wir mit der Zugehörigkeit zu einer Gruppe eine zusätzliche Erweiterung der Geflechte unserer zwischenmenschlichen Beziehungen. Eine Gruppe entsteht, wenn Menschen über eine längere Zeit gemeinsame Interessen oder Ziele verfolgen und dabei ein Gefühl der Zugehörigkeit zueinander entwickeln. Wir sind Zugehörige einer Gruppe, wenn wir uns zugehörig fühlen und dieses Gefühl nicht zurückgewiesen wird. Für viele Gruppen kennzeichnend ist auch die Abgrenzung gegenüber Nichtzugehörigen, beispielsweise im Sport. So kann man Fan der einen oder anderen Gruppe sein. Das Zusammenleben innerhalb einer Gruppe ist oft geprägt durch gemeinsame Werte und Interessen. Für Jugendliche gewinnt ihr Freundeskreis zunehmend an Bedeutung und sie verbringen viel Zeit in dieser Gruppe. In ihm finden sie eine soziale Orientierung: Welche Rolle spiele ich in meiner Clique? Welche Regeln gibt es? Was mögen wir? Was nicht? Können wir einander vertrauen? Wer ist beliebt und warum? So wird manch eine Freundschaft auf eine harte Probe gestellt.

Ein grundlegender Unterschied besteht zwischen einer Gruppe und einem Paar. Bei einem Paar sind beide Partner an Entscheidungen beteiligt. Bei einer Gruppe dagegen spielen deren Zugehörige jeweils unterschiedliche Rollen: Ein Gruppenleiter hat die Aufgabe, die Gruppe zusammenzuhalten. Andere passen sich an. Opponenten spielen in der Gruppe die Rolle der Gegenseite und können, zum Beispiel durch Neuerungen, auch zum Fortbestand der Gruppe beitragen. Opportunisten kümmern sich vorrangig nur um die Durchsetzung ihrer eigenen Interessen. Das wichtigste Merkmal einer sozialen Gruppe bleibt indessen ihre Überschaubarkeit. Damit unterscheidet sich die soziale Gruppe von einer Organisation. Letztere kann dank ihrer formalisierten Struktur und ihrer anonymen Regelungen eine durchaus größere Ausdehnung haben.

Formale und informelle Gruppenbildungen

Die ‚Entdeckung' informeller Gruppen ist eng verbunden mit dem Namen Elton Mayo. Der aus Australien stammende Sozialwissenschaftlicher war die längste Zeit seines Berufslebens von 1928–1947 Professor an der Harvard Buisness School. In den Jahren zwischen 1924–1933 wurde in dem Hawthrone-Werk in Illinois/USA der Western Elektrik eine Reihe von Experimenten durchgeführt. Es ging zunächst darum, herauszufinden, wie sich Veränderungen der Arbeitsbedingungen wie Beleuchtung, Entlohnung und Führungsstil auf das Arbeitsergebnis auswirken. Anfangs wurde noch darüber diskutiert, ob die sich zeigende Produktivitätssteigerung der Gruppe eher auf das verbesserte Lohngefüge oder auf das menschlichere Verhalten der hierfür geschulten Führungskräfte zurückzuführen sei. Ab 1927 wurde Elton Mayo zur Begleitforschung hinzugezogen. Dabei zeigte sich immer mehr die Bedeutung von zwischenmenschlichen Beziehungen im Arbeitsprozess. Die Mitarbeiter erfuhren als Teilnehmer an den Experimenten mehr Achtung, man hörte ihnen zu. Informelle Gruppen entstehen aus Grundbedürfnissen der Kommunikation, die auch das Menschliche, Freundschaftliche und Gefühlsmäßige zum Ausdruck bringt. Informelle Gruppen bilden sich unabhängig von der formalen Organisation. Sie können sich aber durchaus auch aus dem Ziel eines bewusst und erfolgreich gemeinsam gestalteten Arbeitsprozesses entwickeln.

Zwecke von Gruppenbildungen

Der Zweck wird im Allgemeinen als Beweggrund eines zielgerichteten Handelns oder Verhaltens verstanden. Die Zwecke von Gruppenbildungen sind so zahlreich wie die Gruppen selbst. In diesem Buch wurden bisher nur verhältnismäßig kleine Gruppen betrachtet. Die kleinste Gruppe hat mindestens drei Mitglieder. Das sind ebenso viele wie bei der Grundform einer Familie mit zwei Eltern und einem Kind. Kleine Gruppen können, wie beschrieben, zum Beispiel Einheiten der formalen Organisation eines Betriebes sein oder auch sich darin bildende informelle Gruppen. Es können auch im Gemeindeleben oder gemeindeübergreifend Vereine sein, die außer der Geselligkeit eine Vielzahl von weiteren Zwecken verfolgen. Das geht von fröhlichen Sportveranstaltungen bis zum energisch betriebenen Klima- und Naturschutz. Eine andere Dimension von Gruppen sind Unternehmensgruppen oder Gruppen von Staaten. Entsprechend der Vielfalt ihrer Zwecke sind sie gekennzeichnet durch die besondere Vielschichtigkeit des Geflechts ihrer zwischenmenschlichen Beziehungen.

Allgemeine und persönliche Ziele

Ein Ziel ist etwas, was wir erreichen wollen, beispielsweise eine Zielvorgabe oder Zielmarkierung im Sport. In Unternehmen wird zwischen Unternehmenszielen und persönlichen Zielen der Mitarbeiter unterschieden. Die Unternehmensziele sind auch für die Mitarbeiter bedeutsam. Sie führen über die Aufgabenverteilung auf Unternehmensbereiche, Abteilungen und Gruppen letztlich zu den persönlichen Aufgaben eines jeden Mitarbeiters. Für das Unternehmen ist wichtig, dass jeder Einzelne seine Aufgaben so gut erfüllt, wie er kann. Umgekehrt wollen die Mitarbeiter durch das Unternehmen ihre Wertschätzung erfahren. Viele Menschen brauchen sich um Ziele im beruflichen Alltag nicht zu sorgen. Die Arbeit gibt die Ziele vor. Persönliche Ziele treten in den Hintergrund. Ältere Mitarbeiter erleben dann ihren Ruhestand oft so, als ob sie in ein Loch fallen. Danach können dann persönliche Ziele dem Alltagsleben wieder Sinn, Struktur und Bedeutung geben.

Angehörige jüngerer Generationen erleben ihre Arbeitssituation vielfach anders. In dem Kapitel „Zweierbeziehung und Familie" dieses Buches wird im Abschnitt über Generationen bereits auf Verwirklichungen eines Einstellungswandels hingewiesen. Hiernach wollen viele junge Menschen durchaus im Beruf alles geben: Engagement, Freundlichkeit und Teamgeist. Sie wollen aber zugleich im Einklang bleiben mit ihrem Privatleben und in vernünftigem Maße Zeit haben für Familie, Freunde und persönliche Ziele.

Beruf und Wirtschaft

Mensch und Arbeit

Die Bedeutung der Arbeit für den Menschen wird in diesem Buch bereits im Abschnitt über das Zusammenleben der Generationen in den Familien beschrieben. Eine berufliche Tätigkeit dient ohne Zweifel dem Erwerb des Lebensunterhalts. Aber sie gibt dem Leben auch eine Struktur. Außerdem kann sie Sinn stiften und Freude bereiten. Der bekannte Arbeitspsychologe Professor Tim Hagemann weist darauf hin, dass Menschen, die sich (beispielsweise auf einer Party) neu kennen lernen, mit als erstes fragen: Was machen Sie beruflich? Der Beruf ist prägend für die eigene Identität. Hagemann sagt, dass Menschen, die in ihrer Tätigkeit einen Sinn sehen, glücklicher sind als andere, deren Job nur dem Lebensunterhalt dient. Hierzu fallen uns Berufe ein, die Menschenleben retten: Arzt, Krankenschwester, Feuerwehrmann oder Rettungssanitäter. Hinzu kommen zunächst soziale Berufe: Kindern und Erwachsenen helfen, eine meist unverschuldete Notlage zu überwinden. Als nächste sind künstlerische Berufe zu nennen, aber auch forschende und planerisch gestaltende Berufe: Mitarbeit daran, dass wir Menschen in unserer globalen Umwelt trotz aller Schwierigkeiten letztlich doch alle besser leben können.

Viele der Schwierigkeiten stecken auch in uns selber. Viele Jugendliche wollen trotz vorhandener Begabung nicht die Berufe ihrer Eltern erlernen, weil sie nach eigenen Wegen suchen. Manche träumen davon, berühmt zu werden wie ihre Vorbilder, oft ohne zu erkennen wie schwer das zu erreichen ist. Die Anzahl erfolgreicher Stars ist gegenüber der Gesamtbevölkerung verschwindend klein. Junge Menschen können heute unter einer Vielzahl von beruflichen Lebenswegen wählen. Dem entsprechend ist aber auch in unserer komplexen globalisierten Welt die zu treffende Entscheidung schwieriger geworden.

Wirtschaft und Betrieb

Wir können uns die Wirtschaft zunächst als Beziehungen zwischen Haushalten und Betrieben vorstellen. Von den Betrieben fließen Güterströme als Waren und Dienstleistungen in die Haushalte. Umgekehrt fließen Geldströme von den Haushalten in die Betriebe. Bei weiterer Betrachtung sehen wir, wie dieser Wirtschaftskreislauf durch den Staat beeinflusst wird. Der

Staat nimmt Steuern und Sozialabgaben sowohl von den Haushalten als auch von den Betrieben. Andererseits zahlt er Löhne, Gehälter und Renten sowie das Entgelt für vom Staat benötigte Waren und Dienstleistungen (beispielsweise im Straßenbau).

Allgemein bedeutsam für die einzelnen Betriebe ist, dass sie eingeflochten sind in vielfältige soziale Netze. Zu diesen gehören neben Beziehungen zu den Kunden vor allem auch die Verbindungen zu den anderen Anbietern auf dem jeweiligen Markt. Die Anbieter stellen ihr Handeln aufeinander ein: Unternehmer kennen die Kosten ihrer Produkte. Ob aber ein Produkt bei den Kunden auf die Dauer einschlägt und wie die Konkurrenten sich im Laufe der Zeit verhalten, bleibt das unternehmerische Risiko eines jeden einzelnen Anbieters. Das nennt man freie Marktwirtschaft.

Die dem Wirtschaftskreislauf zugrunde liegenden Beziehungsgeflechte werden erheblich vielschichtiger, wenn wir in unserer Betrachtung der Geld- und Güterströme im Inland noch die im Ausland mit einbeziehen. Ein Grund für wirtschaftliches Handeln ist die Knappheit von Gütern. Aber nicht alle Güter sind knapp. Luft ist nicht knapp. Trinkwasser ist in Deutschland nicht knapp. In vielen Ländern ist Wasserknappheit ein Problem.

Management und Organisation

Das Wort Management kommt vom englischen „to manage". Im Deutschen hat das Wort zwei Bedeutungen: Erstens das, was ein Manager macht. Das sind vor allem Planung, Organisation, Führung und Kontrolle in Unternehmen. Zweitens sind es die Personen, die die Aufgabe erfüllen. In einem Betrieb sind es die in wesentliche Entscheidungen miteinbezogenen Führungskräfte. In der Alltagssprache werden die Begriffe „Management" und „Führung" oft vertauscht. Die Führung von Menschen aber ist, genau genommen, ein Teilbereich des Managements. Noch vor nicht allzu langer Zeit hat man angenommen, Management sei eine Kunst, die man weder lehren noch lernen kann. Allerdings hat sich diese Meinung in der Praxis nicht durchgesetzt. Einig ist man sich jedoch darüber, dass Managementaufgaben immer vielfältiger und schwieriger werden. Und was die Führung von Mitarbeitern betrifft, so haben sich die Beziehungen zwischen Managern und Mitarbeitern immer mehr auf Zusammenarbeit ausgerichtet. Damit wird nicht zuletzt auch dem Bedürfnis von den Mitarbeitern nach persönlicher Entwicklung entsprochen.

Gegenüber dem Management ist Organisation die Verbindung von Menschen und Sachmitteln zur Erfüllung von Teamaufgaben. Die Aufgaben richten sich nach den Zielen und Zwecken einer Organisation. In einem Unternehmen müssen die Reihenfolgen und Regeln der Arbeitsabläufe organisiert werden. Daraus folgt die Struktur des Unternehmens als organisatorisches Grüst. Hierzu kann ein Organisationsplan erstellt werden zur Festlegung von organisatorischen Einheiten wie Betriebsbereiche, Abteilungen, Gruppen und deren erforderlicher Über- und Unterordnung. Ein Funktionsplan, der die einzelnen Aufgaben erfasst, zeigt ein Bild der Zusammenarbeit im Unternehmen.

Daraus lässt sich ein Stellenplan erarbeiten, der zeigt welche Arbeitsstellen wie besetzt werden müssen. Wieviel Mitarbeiter braucht ein Unternehmen und welche Fähigkeiten werden benötigt? Die Organisation eines Unternehmens entscheidet mit über die Art des Zusammenlebens bei der Arbeit. Sie beeinflusst Dinge wie Zufriedenheit oder Teamgeist der Mitarbeiter. Dies wiederum wirkt sich auf die Qualität der Arbeitsleistung aus.

Der Lebenslauf

Viele Bewerber bei Unternehmen und Organisationen melden sich auf eine in Zeitungen oder im Internet ausgeschriebene Stelle. Andere bewerben sich von sich aus. In jedem Falle gilt, dass immer auch der Arbeitgeber sich auf dem Arbeitsmarkt um gut geeignete Arbeitskräfte bewirbt, die dann oftmals auf dem Markt der Güter und Dienstleistungen zum entscheidenden Wettbewerbsvorteil werden. Umgekehrt trifft nicht nur der Arbeitgeber, sondern immer auch der Stellenbewerber eine Auslese. Stellenbewerber reichen Bewerbungsunterlagen ein, deren Kerninhalt immer der Lebenslauf ist. Der zeigt die Entwicklungsstufen des bisherigen Berufslebens. Im beiderseitigen Interesse gilt es, zu prüfen, ob die Aufgaben der offenen Stelle eine sinnvolle Fortsetzung des bisherigen beruflichen Lebensweges ist. Die entscheidenden Mittel der Auslese durch den Arbeitgeber sind dabei die Durchsicht der Bewerbungsunterlagen und das später nachfolgende Vorstellungsgespräch. Daran nehmen neben dem Stellenbewerber meist der spätere Fachvorgesetzte und ein Vertreter der Personalabteilung teil. Hauptgegenstand des Gesprächs ist wiederum der Lebenslauf. Er wird vom Stellenbewerber als sein persönliches berufliches Erleben frei vorgetragen und damit viel lebendiger. Außerdem regt er zu vielen interessanten fachlichen wie persönlichen Fragen an. Man lernt sich besser kennen. Das hinter den Stationen des Lebenslaufes bewusst oder unbewusst stehende bisherige Gesamtkonzept tritt hervor. Der Zusammenhang dieses Gesamtkonzeptes würde übrigens auch falsche Angaben meist schnell als Bruch der persönlichen Entwicklung erscheinen lassen.

Wissen und Überzeugungen

Rasante Zunahme
weltweiten Wissens

Der immer schneller angestiegene Umfang menschlichen Wissens hat erstmals in den 1950er Jahren zu Versuchen geführt, das weltweite Wissen zu erfassen. Dabei stießen diese Versuche auf die Schwierigkeit, dass es für Wissen keinen allgemeingültigen Maßstab gibt. Eine Möglichkeit ist das Zählen von einschlägigen Veröffentlichungen. Der bekannte englische Mathematiker und Astrophysiker Stephen Hawking ermittelte im Jahr 2001 die Zahl der wissenschaftlichen Fachartikel auf allen Wissensgebieten. Die Zahl der jährlich veröffentlichten wissenschaftlichen Artikel stieg von 90.000 im Jahr 1950 auf 900.000 im Jahr 2000. Nichts deutete darauf hin, dass sich die wissenschaftliche und technische Entwicklung in naher Zukunft verlangsamen werde. Das Tempo der Entwicklung ließ manche Autoren sogar schon von einer „Wissensexplosion" schreiben. Es bleibt jedoch zu bedenken, dass die Wirkung von Veröffentlichungen sehr unterschiedlich sein kann. Manche Entdeckungen geben den Anstoß zu weiteren Entwicklungen. Hierzu ein Beispiel: Im Jahr 1892 führte Graham Bell erstmals vor größerem Publikum ein Telefongespräch von New York nach Chicago. Es folgten die Zeiten der ersten Haustelefone und der öffentlichen Telefonzellen. Nahezu gleichzeitig gelang Heinrich Herz im Experiment die Übertragung elektromagnetischer Wellen von einem Sender zu einem Empfänger. Das war die grundlegende Voraussetzung für die Entwicklung der Funktechnik, die 1895 mit der „drahtlosen Telegraphie" begann. Beide Erfindungen, Telefon und Funk, gaben zusammen später den Anstoß zur Entwicklung des gesellschaftsverändernden Mobilfunks. Der brachte zunächst die Möglichkeit, dass man auch auf Reisen telefonieren und angerufen werden kann. Mit den seit 1990 aufgebauten Mobilfunknetzen gelang es, diese Möglichkeit zunehmend einem breiteren Kundenkreis zu bieten. Das „Handy" wurde zum Symbol dieser Technik. Die ersten dieser Geräte dienten nur zum Telefonieren. Dann bekamen sie auch weitere Funktionen. So wurde es auch möglich, mit dem Handy Fotos zu machen. Mit den „Smartphones" kam es dann zu einer sprunghaften Weiterentwicklung. Diese Multifunktionsgeräte entwickelten sich seit dem Jahr 2007 zu den meist gekauften Mobiltelefonen. Sie führten nicht zuletzt bei jüngeren Anwendern zu einer neuen Dimension der Internetnutzung.

Der zunehmende Wissensbedarf

Um das Jahr 1900 machten 3 % der deutschen Bevölkerung ein damals sogenanntes Bildungsabitur. Frauen waren nur ausnahmsweise zu Abitur und Studium zugelassen. Im Jahr 1950 erreichten 8 % die Hochschulreife, die Zahl der Schülerinnen und Studentinnen war noch kleiner. Im Jahr 1974 erreichten 25 % der deutschen Bevölkerung die Hochschul- oder Fachhochschulreife. Der Anteil der Mädchen und Frauen stieg ebenfalls an. Im Jahr 2000 wurde 43 % der Schulabgänger in Deutschland die Hochschul- oder Fachhochschulreife zuerkannt. Die Zahl der weiblichen Abiturienten war mit 46 % erstmals größer als die der männlichen. Wissenschaftler haben herausgefunden, dass es Mitte des 17. Jahrhunderts auf der Welt noch weniger als 1 Million Menschen mit wissenschaftlich-technischer Ausbildung gab. In den Jahren 1850 – 1950 stieg die Zahl von 1 auf 10 Millionen und in den Jahren 1950 – 2000 weiter von 10 auf 100 Millionen. Mit der Zunahme des weltweiten Wissens hat sich auch die Zahl der Menschen mit wissenschaftlicher Ausbildung erheblich vergrößert.

Probleme der Wissensanwendung

Zunächst eine Vorbemerkung: Zwischen Theorie und Praxis beseht kein Gegensatz. Schon begrifflich nicht: Der Gegensatz von Theorie ist Erfahrung. Der Gegensatz von Praxis ist die Wissenschaft. Was sich in der

Praxis als falsch erweist, kann auch in der Theorie nicht richtig sein. Insgesamt haben wir es mit vier Feldern zu tun:

1. Theoretische Wissenschaft
2. Erfahrungswissenschaft (dazu gehören beispielsweise Experimente, systematische Befragungen oder systematische Beobachtungen),
3. Praktische Theorie (auch Praktiker stellen Betrachtungen an)
4. Praktische Erfahrungen

Die Bedeutung dieser Vorbemerkung liegt darin, dass theoretisches Wissen als wichtigste Quelle unserer „Wissensgesellschaft" gilt. Dieser Begriff kam in den 1960er Jahren auf und wurde unter anderem von US-amerikanischen Sozialwissenschaftlern verwandt, die über „knowledgeable societies" schrieben. Ein anderer amerikanischer Sozialwissenschaftler, Daniel Bell, schrieb 1973 eine Studie über die damals aufkommende post-industrielle Gesellschaft (post-industrial society). Bell sieht den Übergang von der Industrie- zur Wissensgesellschaft mindestens ebenso bedeutsam wie den gegen 1850 erfolgten Übergang von der Agrar- zur westlichen Industriegesellschaft. Das wesentliche an der Wissensgesellschaft sei, dass nicht nur der neben Landwirtschaft sowie Industrie und Handwerk bestehende Dienstleistungsbereich am stärksten wachse, sondern dass in allen Branchen der Faktor Wissen zum entscheidenden Wachstumstreiber werde.

Am Beginn
des digitalen Zeitalters

Das Wort „digital" kommt von lateinisch digitus = Finger, eine erste Rechenhilfe für jedes Kind. Die Digitaltechnik ist weitgehend an die Stelle der Analogtechnik getreten. Die These von der „Explosion des Wissens", wie man die erwähnte rasante Wissenszunahme auch nennt, stützt sich auf das gesamte Wachstum der weltweit produzierten Informationen und ihrer digitalen Speicherung. Der durch die Digitalisierung ausgelöste technische und gesellschaftliche Umbruch wird auch als „Digitale Revolution" bezeichnet. Es wird angenommen, dass im Jahr 2002 es erstmals möglich war, mehr Informationen digital als analog zu speichern. So gilt dieser Zeitpunkt als Beginn des digitalen Zeitalters. Dabei ist die Digitalisierung noch keineswegs abgeschlossen. Das gilt nicht zuletzt im Zusammenhang mit den Weiterentwicklungen der künstlichen Intelligenz (KI). Die Digitalisierung wird weiter Bedeutung gewinnen als Teil der Globalisierung. Im Zuge der Entwicklung von Industrierobotern, Drohnen oder anderen eigenständig gesteuerten Fahrzeugen übernehmen digitale Systeme immer mehr Aufgaben, die bis dahin dem Menschen vorbehalten waren. Bei den Brettspielen Schach und Go kam es schon zum Duell zwischen Mensch und Maschine. Der südkoreanische Go-Profi Lee Sedol kämpfte gegen überraschende Spielzüge des Computers: „Einige von ihnen hätte kein Mensch so gemacht." Schließlich aber hatte er von den Taktiken des Computers gelernt. So steht weiter in der Diskussion, ob Computer wirklich Menschen ersetzen können.

Die Kommune

Heimat

Der Begriff „Heimat" erinnert uns zunächst an den Ort, an dem wir geboren wurden. Hier erfahren wir frühe und tiefe Prägungen, die bis weit ins spätere Leben unseren Charakter und unsere Weltauffassungen beeinflussen. Heimat ist eine uns vertraute Nahwelt, in der wir uns auskennen und zurecht finden. Der Gegensatz ist Fremdheit. Heimat kann auch im Laufe des menschlichen Lebens verloren gehen und später an einem anderen Ort in einem anderen Land neu gefunden werden. Somit ist Heimat nicht nur die Gegend, in die einer hineingeboren wurde, sondern auch der Kulturbereich, in den ein Mensch sich eingelebt hat. In Deutschland regelt das Grundgesetz (Artikel 3, Absatz 3), dass niemand wegen seiner Heimat und Herkunft benachteiligt oder bevorzugt werden darf. Deutschland ist ein Einwanderungsland. Das bedeutet, dass ein Großteil der Bevölkerung aus Einwanderern besteht. Bereits nach dem zweiten Weltkrieg kamen Menschen aus verschiedenen Ländern nach Deutschland um Arbeit zu finden, die es in ihren Herkunftsländern nicht ausreichend gab. Durch ihre Tätigkeiten in Deutschland konnten sie ihre zurückgebliebenen Familien finanziell unterstützen. Damals dachte man, wenn diese so genannten „Gastarbeiter" genug verdient hätten, würden sie wieder zurück in ihre Herkunftsländer gehen. Aber das war ein Irrtum und viele von ihnen blieben hier. Sie heirateten, gründeten Familien, ihre Kinder gingen hier zur Schule, fanden Arbeit und gründeten ebenfalls Familien. Somit können für die Mitglieder dieser Familien Heimat ganz unterschiedliche Orte sein. Einige fühlen sich in Deutschland zu Hause und nicht in den Herkunftsländern ihrer Eltern und Großeltern. Andere fühlen sich innerlich zerrissen und sind sich unsicher, wo sie sich zu Hause fühlen.

Im Zusammenhang mit den vielen Menschen, die im Zuge von Armut, Verfolgung oder Kriegen in ihren Herkunftsländern (z.B. Syrien) nach Deutschland kommen, taucht der Begriff „Einwanderungsland" wieder vermehrt auf. Wir leben also in einer „multikulturellen Gesellschaft". Menschen aus verschiedenen Herkunftsländern tragen zur kulturellen Vielfalt Deutschlands bei. Wie wir grade gesehen haben, bezieht sich der Begriff „Heimat" auf die Beziehung zwischen Menschen und Orten. Für viele Menschen ist ihre Heimat dort, wo sich zu Hause fühlen, wo ihre

Familien und Freunde sind. Andere sind auf der Suche nach ihrer „kulturellen Identität" und wissen nicht wo und wem sie sich zugehörig fühlen. Die Bedeutung des Begriffs Heimat befindet sich damit im stetigen Wandel.

Dörfer und Städte

Siedlungen gehören zu den grundlegenden Erscheinungen des menschlichen Zusammenlebens. Sie können dabei ganz unterschiedlich aussehen: Dörfer, Städte, Metropolen, usw. Allgemein unterscheidet man zwischen ländlichen und städtischen Siedlungsformen. Ein Ort mit einer ländlichen Siedlungsstruktur ist ein Dorf. Das ländliche Erscheinungsbild, ein hohes Maß an sozialer Kontrolle sowie das Festhalten an bestimmten Sitten und Bräuchen sind charakteristisch für dörfliche Gemeinschaften. Ein wesentlicher Unterschied zwischen dem menschlichen Zusammenleben in der Stadt und auf dem Land besteht in der Vielfalt der Lebensstile. Beispielsweise haben in Dörfern die Bewohner oftmals eine ähnliche Lebensgeschichte (Biographie) und Lebensform. Hier können Menschen schnell als fremd empfunden werden, die bspw. nicht gebürtig von dort sind oder einer anderen Religionsgemeinschaft angehören. Im Gegensatz dazu, sind in (Groß-)Städten viele verschiedene Lebensweisen auf engstem Raum zu finden. Merkmale wie Geburtstort und Religionszugehörigkeit spielen hier weniger eine Rolle. Im Vordergrund stehen eher gemeinsame Interessen oder Berufe. Die Beziehungen des Städters sind zahlreicher und räumlich weiter verstreut. Charakteristisch für das Zusammenleben in (Groß-)Städten ist ein geringeres Maß an sozialer Kontrolle. Es leben mehr Menschen auf engerem Raum zusammen, die einander nicht zwingend persönlich bekannt sind. Im Zuge der Ausbreitung städtischer Lebensformen (Urbanisierung) sind viele frühere Dorfgemeinschaften durch verwaltungsmäßige Eingliederung zum Stadtrandviertel geworden (Eingemeindung). Andere wurden zu ländlichen Gemeinden zusammengefasst. Gemeinde und Städte werden auch als Kommunen bezeichnet. Unsere Mitgliedschaft zu einer Kommune ergibt sich immer aus unserem Wohnsitz.

Gruppen und Treffpunkte des örtlichen Zusammenlebens

Ähnliche Interessen führen uns an Treffpunkten zusammen: Einrichtungen und Anlässe des Zusammenlebens. Dabei kann sich in größeren wie kleineren Ortschaften und Stadtteilen ein Reichtum des Lebens entfalten, der, in seiner besonderen Ausprägung, für die Region typisch ist. Je nach Einrichtung oder Anlass gibt es Personen, die besondere Verantwortungen haben. In ihrem jeweiligen Bereich sind sie verantwortlich für die Lösung von Fragen der Bewahrung und Integration, aber auch der notwendigen und gewünschten Veränderungen und damit des gesellschaftlichen Wandels. Im Einzelnen geht es um den Regelkreis von Planung, Beratung, Entscheidung, Führung und Kontrolle. Für einige Menschen stehen nach wie vor ihre Religionshäuser (Kirche, Synagogen,

Moscheen) im Mittelpunkt des Zusammenlebens am Ort. Die Zugehörigkeit zu ihnen ergibt sich aus religiösen Riten, wie beispielsweise der Taufe. Neben religiösen Anlässen bietet sich eine Fülle weiterer Möglichkeiten für Zusammenkünfte. Diese können in Kinder- und Jugendgruppen, in einer Schützenbruderschaft, im Sport-, Theater- oder Musikvereinen, in einer Hilfsorganisation oder der freiwilligen Feuerwehr stattfinden. Hier gibt es Personen mit besonderer Verantwortung, die einer Gruppe vorstehen um sie zu lenken und zu leiten. Zudem gibt es Orte des spontaneren Zusammentreffens, wie Museen, Kinos, Kulturfeste, Trödelmärkte, Konzerte, Frisöre, Einzelhandelsgeschäfte, Sportstudios, Cafés oder Gaststätten. Sie alle offenbaren eine außerordentliche Vielfalt möglicher Treffpunkte. Die Liste der Personen mit besonderen Verantwortungen kann je nach Art und Reichtum des Zusammenlebens vor Ort über viele weitere Positionen führen: Beispielsweise über den Leiter des Sportvereins, die Schulleiter der Schulen am Ort bis hin zu den Vorsitzenden der Ortsvereine politischer Parteien. Die Ortsvereine politischer Parteien verbinden diese mit ihren Wählern. Sie versorgen die Wähler mit Informationen. Gleichzeitig sind die Ortsvereine Sprachrohr ihrer Anhängerschaft.

Kontakte der Kommune nach außen

Deutschland ist aufgeteilt in Bundesländer. Die kommunalen Selbstverwaltungen sind verzahnt mit der Verwaltung des jeweiligen Landes. Die Bundesländer

Organisation einer Schützenbruderschaft

Demokratische Wahl verbindet sich mit militärischer Tradition.

Abb. 5

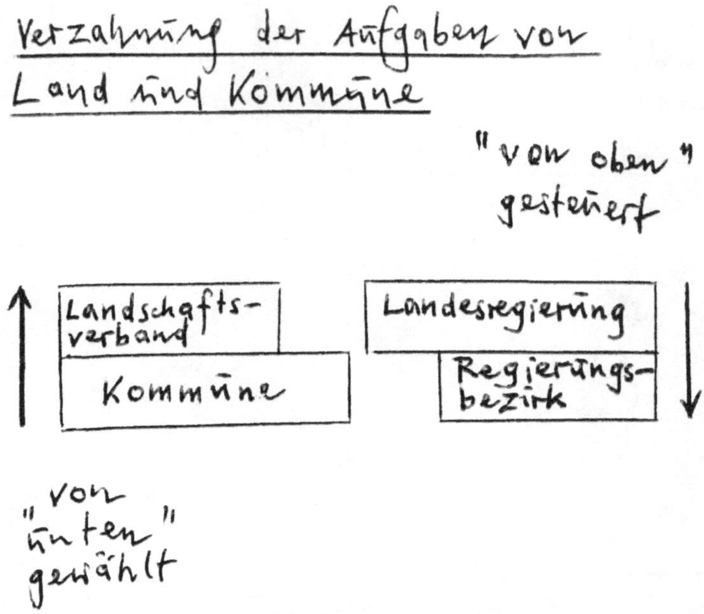
Verzahnung der Aufgaben von
Land und Kommune
"von oben"
gesteuert
Landschafts-
verband
Kommune
Landesregierung
Regierungs-
bezirk
"von
unten"
gewählt

Abb. 6

sind gegliedert in Regierungsbezirke, jeweils geleitet von einem Regierungspräsidenten. Der ist an die Weisungen seiner Landesregierung gebunden. Landesbehörden werden „von oben" gesteuert. Dagegen werden die Mitglieder der Kommunalverwaltungen „von unten" gewählt. Sie erfüllen lokale Aufgaben und wählen für überregionale Projekte, die über die Grenzen der Kommune hinausgehen, wie beispielsweise größere Straßenbauprojekte, die Landschaftsverbände. Deren Zuständigkeit ist so festgelegt, dass ihre Grenzen den räumlichen Grenzen von einem oder mehreren Regierungsbezirken entsprechen. Neben solchen grenzüberschreitenden Aufgaben erfüllen die Landschaftsverbände weitere, vor allem soziale Aufgaben. Als Beispiel sei hier nur der Aufbau und die Führung einer Schule für gehörlose Kinder genannt. So zeigt sich das Zusammenleben in den Kommunen, nicht nur mit Blick auf die Kontakte nach außen, bereits als ein durchaus vielschichtiger Zusammenhang zwischenmenschlicher Beziehungen.

Staat und Politik

Die politischen Systeme

Das Wort „politisch" kommt von Polis. Das war der jeweilige städtische Kern der vielen kleinen Staaten im alten Griechenland. Das Wort „System", ebenfalls altgriechisch, bedeutet ein aus Einzelheiten zusammengesetztes Ganzes. Ihm entspricht das deutsche Wort „Zusammenhang". Nach eindeutiger Auffassung gliedern sich die politischen Systeme auf der Welt zunächst in Republiken und Monarchien. Letztere übten bis vor etwa zweihundert Jahren auch in Europa noch das aus, was das Wort sagt: Die alleinige Staatsgewalt (Monarchie = griechisch „Herrschaft des Einen"). Inzwischen haben die bekannten europäischen Monarchien erhebliche Wandlungen erfahren. Man denke an das Königreich der Niederlande, an die Königreiche

Norwegen, Schweden und Spanien sowie an das vereinigte Königreich von Großbritannien und Nordirland. Hier erfüllen der König oder die Königin ihre Augaben in Verbindung mit einem parlamentarischen Regierungssystem. Die Staatsgewalt liegt nicht mehr in der Hand eines Monarchen, sondern wird von den frei gewählten Volksvertretern ausgeübt. Noch vielgestaltiger sind die politischen Systeme der Republiken. Die Bundesrepublik Deutschland ist eine föderale Republik: Sie gliedert sich in die weitgehend selbständig geführten Länder. Andere föderale Republiken sind zum Beispiel Indien, Österreich, die Russische Föderation und die Vereinigten Staaten von Amerika. Dabei ist die deutsche Regierung, wie die von Indien, in einem parlamentarischen Regierungssystem bei ihren Entscheidungen stets vom Vertrauen des Parlaments abhängig. Von den anderen genannten föderalen Republiken bilden die Vereinigten Staaten von Amerika eine Ausnahme durch ihr präsidentielles Regierungssystem, bei dem der Präsident zugleich auch Regierungschef ist und direkt gewählt wird. Dagegen finden wir in Österreich und der Russischen Föderation wie auch in Frankreich eine Mischform aus parlamentarischem und präsidentiellem Regierungssystem.

Das Leben in Deutschland und Europa

Der Begriff „Demokratie" (von griechisch „Herrschaft des Volkes") verbindet sich nach modernem Verständnis mit einer Reihe von typischen Merkmalen. Das sind vor allem: Freie Wahlen, Mehrheitsprinzip bei Wahlen und Abstimmungen, Anerkennung einer politischen Opposition, freie Gerichtsbarkeit (der Richter dient dem Staat, nicht der Regierung), Schutz der Menschrechte (alle Menschen sind gleich geboren), das Recht auf freie Meinungsäußerung, Pressefreiheit (Recht zur freien Beschaffung und Verbreitung von Informationen ohne Zensur). Besonders in der westlichen Welt gilt heute für viele die Demokratie als das einzig wahre Staats- und Regierungssystem. Das Gegenteil von Demokratie ist Diktatur. In ihr geht die Herrschaftsgewalt von einer einzelnen Person aus. Diktatorische Regime können durch Gewalt entstehen, beispielsweise durch einen Putsch. Diktatoren können aber auch auf demokratische Weise (Wahl) an die Macht kommen und dann schrittweise die Demokratie ausschalten.

Verantwortliche im Staat

Die Bundesrepublik Deutschland gliedert sich als föderale Demokratie in ihre weitgehend selbständig regierten Länder. Diese sind zunächst die 13 Flächenländer Schleswig-Holstein, Mecklenburg-Vorpommern, Niedersachsen, Sachsenanhalt, Brandenburg, Nordrhein-Westfalen, Hessen, Thüringen, Sachsen, Rheinland-Pfalz, Saarland, Baden-Württemberg, Bayern. Ihre Regierungen werden jeweils geführt von einem Ministerpräsidenten / einer Ministerpräsidentin. Hinzu kommen die 3 Stadtstaaten Hamburg, Bremen und Berlin. Deren Regierungen werden jeweils von einem Bürgermeister geführt. Den Pflichten und Rechten der Regierenden stehen in demokratischen

Staaten das Recht und die moralische Pflicht der Staatsbürger gegenüber, an Wahlen teilzunehmen. Dazu sind bestimmte Bedingungen zu erfüllen, beispielsweise ein Mindestalter von 18 Jahren. Bei den Landtagswahlen wie bei der Bundestagswahl erhalten alle Wahlberechtigten einen Stimmzettel mit der deutlichen Überschrift: „Sie haben 2 Stimmen". Dicke Pfeile führen zu 2 Listen. Dabei dient die Erststimme zur Wahl eines Wahlkreisabgeordneten. Die Zweitstimme dient zur Wahl einer Partei. Nach der Wahl der Abgeordneten zum Deutschen Bundestag wird die erste Sitzung mit den alten und neuen Bundestagsmitgliedern durch den Alterspräsidenten geleitet. Dabei wird der Bundestagspräsident für die beginnende Wahlperiode gewählt. Der leitet fortan die weiteren Bundestagssitzungen. Gegenüber dem Bundestag als dem gesamtdeutschen Parlament verkörpert der Bundesrat das föderative Element im Bund: Durch ihn wirken die Länder bei der Gesetzgebung mit. Dagegen tritt die Bundesversammlung nur zu einem einzigen Zweck zusammen: Zur Wahl des Bundespräsidenten. Die Bundesversammlung wird einberufen durch den Bundestagspräsidenten. Sie besteht aus allen Bundestagsmitgliedern und ebenso vielen Vertretern der Bundesländer. Der zu wählende Bundespräsident vertritt Deutschland völkerrechtlich nach außen und schließt im Namen der Bundesrepublik Verträge mit auswärtigen Staaten. Er schlägt dem Bundestag die Bundeskanzlerin / den Bundeskanzler vor und bestätigt sie / ihn nach der Wahl. Auf Vorschlag der Bundeskanzlerin / des Bundeskanzlers ernennt und entlässt der Bundespräsident die Bundesminister / innen.

Zu den wichtigsten Bundesministerien gehören diejenigen für Außenpolitik, Innenpolitik, Justiz, Finan-
zen, Wirtschaft, Arbeit und Soziales, Verteidigung,
Verkehr, Familie, Forschung, Gesundheitswesen. Die
Bundesregierung (Bundeskanzler / in und Minister /
innen) legt dem Bundestag Gesetze zur Beschlussfas-
sung vor. Über jede Gesetzesvorlage unterrichtet sie
den Bundesrat. Umgekehrt legt auch der Bundesrat
der Bundesregierung Gesetzesvorschläge zur Stel-
lungnahme und Weiterleitung an den Bundestag vor.
Gegenüber der gesetzgebenden Gewalt des Bundes-
tages ist die Bundesregierung das oberste Organ der
vollziehenden Gewalt. Dabei leitet jede / r Minister / in
seinen / ihren Bereich selbständig nach dem Gesetz.
Die / der Bundeskanzler / in bestimmt die Richtlinien
der Politik.

Außenkontakte
der Einzelstaaten

Die Kontakte von Staaten zueinander können sehr
vielschichtig sein. Nehmen wir als Beispiel die Beziehung Deutschlands zu unserem Nachbarstaat Frankreich. Einstmals gehörten beide Länder zum Reich
Karls des Grossen. Nach den Umbrüchen der französischen Revolution führten Deutschland und Frankreich lange und grausame Kriege gegeneinander, zur
Zeit Napoleons und in den zwei Weltkriegen. Heute
sind die beiden Staaten Verbündete, die gemeinsam
europäische Interessen vertreten. Nach dem Unter-
gang des HitlerRegimes bemühte sich Konrad Adenauer, der erste Kanzler der damals neu gegründeten

Bundesrepublik, um gute Beziehungen zu Frankreich, um den Wiederaufbau seines im Krieg verarmten und zerstörten Landes zu schaffen. Hilfreich war dabei sein gutes persönliches Verhältnis zum französischen Staatsführer, General de Gaulle. Die früher unüberbrückbar scheinende Feindschaft konnte überwunden und die Beziehung der Staaten neu gestaltet werden.

Internationale Beziehungen

Beziehungen zwischen Staaten

Bei den dargestellten menschlichen Lebenswelten zeigte sich eine immer größere Verflechtung in die Netzwerke zwischenmenschlicher Beziehungen. Bei den internationalen Beziehungen vergrößert sich der Verflechtungsgrad, beispielsweise der Staats- und Regierungschefs, noch einmal erheblich. Nehmen wir als Beispiel für ein auf Dauer gerichtetes Beziehungsgeflecht zwischen Staaten die Europäische Union. Sie nahm nach Vorläufern wie der Europäischen Wirtschaftsgemeinschaft (EWG) ihren Anfang am 01.01.1958 durch den Zusammenschluss der sechs Staaten Deutschland, Frankreich, Italien, Belgien, Niederlande und Luxemburg. Es folgte der Anschluss von

Dänemark, Irland und des Vereinigten Königsreiches Großbritannien und Nordirland. Durch die weiteren Beitritte von Griechenland sowie Portugal und Spanien entstand das „Europa der zwölf“. Erst neun Jahre später traten auch die Länder Finnland, Österreich und Schweden bei und nach weiteren neun Jahren die Länder Estland, Lettland, Litauen, Malta, Polen, Slowakei, Slowenien, Tschechien, Ungarn und Zypern. Im Jahre 2007 kamen Bulgarien und Rumänien hinzu und 2013 Kroatien. Diese 28 Staaten reduzierten sich wieder auf 27 im Jahre 2017 durch den Austritt des Vereinigten Königreiches Großbritannien und Nordirland (Brexit). Die vielfach in Etappen erfolgten Beitritte spiegeln die lebendige Geschichte der Europäischen Union. Sie ist gewachsen aus dem Zusammenschluss eigenständig gebliebener demokratischer Rechtsstaaten. Darin liegt die Kraft des Selbstbewusstseins Europas in der Welt. Der bekannte Sozialwissenschaftler und Globalisierungsforscher Ulrich Beck schrieb (2005), dass ein Großteil der Kritik an Europa auf dem Glauben basiere, es könne ein Zurück zur nationalstaatlichen „Kleingärtnerei“ geben. Beck weist darauf hin, dass die Europäische Union aus Staaten gebildet ist. Damit ist sie aber selbst kein Staat. Die Vielfalt der Sprachen, der Künste, der Küchen, der Wirtschaftsformen und der Politikstrukturen sei Quell des Selbstbewusstseins Europas in der Welt. Den europäischen Einzelstaaten geht es besser, je besser es Europa geht.

Wann begann
ihre Erforschung?

Sie begann nach dem Ersten Weltkrieg. Dessen Folgen führten zu einem Nachdenken über die damals bestehende internationale Ordnung. Internationale Beziehungen begannen, sich zu einem Teilbereich der Politikwissenschaft zu entwickeln. Nach den Ergebnissen der so begonnen neuen Wissenschaft ist ein friedliches Zusammenleben der Staaten nur möglich in einem System eines fortentwickelten, von demokratischen Staaten getragenen internationalen Rechts. Zu Beginn der 1930er Jahre entstanden jedoch neue diktatorische Regierungsformen zum Beispiel in Deutschland, Italien und der Sowjetunion. Es folgten die bitteren Erfahrungen des Zweiten Weltkriegs. Inzwischen haben die Beziehungen demokratischer Staaten sich weiterentwickelt. Diese Staaten verfügen über Verfassungen, die die menschlichen Grundrechte einschließen und an eine lange Reihe von teilweise uralten Vorläufern anknüpfen (zu den ältesten zählen die Zehn Gebote und die Fünf Regeln Buddhas). Für Deutschland sind die Grundrechte im Abschnitt I des Grundgesetzes geregelt. Dazu gehören:

- Die Würde des Menschen ist unantastbar.
- Das deutsche Volk bekennt sich darum zu unverletzlichen und unveräußerlichen Menschenrechten als Grundlage jeder menschlichen Gemeinschaft.
- Jeder hat das Recht auf die freie Entfaltung seiner Persönlichkeit.
- Jeder hat das Recht auf Leben und körperliche Unversehrtheit.

- Alle Menschen sind vor dem Gesetz gleich.
- Männer und Frauen sind gleichberechtigt.
- Die Freiheit des Glaubens, des Gewissens und die Freiheit des religiösen und weltanschaulichen Bekenntnisses sind unverletzlich.
- Niemand darf zum Kriegsdienst mit der Waffe gezwungen werden.
- Ehe und Familie stehen unter dem besonderen Schutz der staatlichen Ordnung.

Wer sind die Akteure?

Die Akteure im Bereich der internationalen Beziehungen sind: International anerkannte Staaten, international tätige Unternehmen und Nichtregierungsorganisationen. Die Staaten werden vertreten durch die Regierungen und von den Regierungen beauftragten Diplomaten oder sonstigen Beauftragten. Basis der Zusammenarbeit zwischen den Staaten sind gemeinsame Werte wie Demokratie, Freiheit und Anerkennung der Menschenrechte. Nach diesen Werten lassen sich die Staaten bestimmten Staatenwelten zuordnen. So gehören zur westlichen Staatenwelt die Vereinigten Staaten von Amerika und die Staaten Europas. Andere Staatenwelten sind zum Beispiel Rußland, Indien oder China. Bei der Betrachtung nach dem Entwicklungsstand werden die westlichen Industriestaaten und Japan als 1. Welt gesehen. Die 2. Welt sind die Länder des ehemaligen Ostblocks mit einem industriell hohen Entwicklungsstand. Die 3. Welt sind die Entwicklungsländer. Sie werden in der Betrachtung weiter untergliedert in die rohstoffreichen Schwellenländer mit beginnender Industrialisierung, rohstoffarme Länder mit geringer Industrialisierung sowie in die ärmsten Länder mit besonders schweren Lebensbedingungen für die Menschen dort. Als globale Organisation sind 193 Staaten zusammengeschlossen in den Vereinten Nationen, englisch: United Nations (UN). Zu deren Aufgaben gehören die Sicherung des Weltfriedens, der Schutz der Menschenrechte und die Förderung der internationalen Zusammenarbeit. Vorsitzender ist der UN-Generalsekretär. Hauptsitz der UN ist New York. Neben den Staaten sind die weiteren internationalen Akteure Unternehmen. Sie werden manchmal auch als „Multis" (von multinational) oder global Player (globale Spieler) bezeichnet. Hinzu kommen die Nichtregierungsorganisationen, englisch: Non-Goverment Organisations (NGO). Hierzu gehören beispielsweise die Ärzte ohne Grenzen, die Menschen in den Entwicklungsländern helfen, und Amnesty International, eine Organisation, die für die Freilassung zu Unrecht Inhaftierter kämpft.

Frieden und Sicherheit

Die Geschichte der Menschheit ist auch eine Geschichte von Kriegen. Gleichwohl, so stellte US-Präsident Barack Obama in seiner Rede auf der Industriemesse Hannover im April 2016 fest, durchlebe die Welt gegenwärtig ihre friedlichste Zeit. Seit Jahrzenten habe es keinen Krieg zwischen Großmächten gegeben. Menschen wie der deutsche Bundeskanzler Konrad Adenauer und der französische Ministerpräsident General Charles de Gaulle haben im Kern

Europas aus früheren Erbfeinden die Deutsch-Französische Freundschaft geschaffen und damit aus den früheren Gegnern Verbündete gemacht. Zweieinhalbtausend Jahre tobten Kriege in Europa. Die seit ihrer Gründung 1958 in die Europäische Union (EU) eingetretenen Staaten leben miteinander in Frieden und Sicherheit. Das strahlt in die Welt hinaus. In seiner obigen Rede in Hannover rief Obama die Europäer zum Zusammenhalt auf: „Wir wollen ein ganzheitliches Europa, ein freies Europa und ein Europa, das in Frieden lebt". Frieden also zwischen Großmächten und zwischen den Staaten der Europäischen Union. Und die anderen Staaten? Der Philosoph und Bestsellerautor Richard David Precht sprach mit dem ehemaligen Generalinspekteur der Bundeswehr, General a.D. Harald Kujat, über das Thema: „Ewige Kriege – warum die Völker keinen Frieden finden".[1] Precht fragte: „Warum sind, 30 Jahre nach dem Mauerfall (in Berlin), Kriege immer noch unvermeidbar?" Die erstaunliche Antwort des Generals: „Sie sind nicht unvermeidbar. Sie können vermieden werden durch richtige Außen- und Sicherheitspolitik, wenn man sie bei den Staaten durchsetzt." Tatsächlich aber finden sie immer noch statt. Kujat weist auf viele Ursachen. Die nach dem Zweiten Weltkrieg in Ost und West entstandenen starren Blöcke der atomaren Abschreckung hatten auch zu Formen der Stabilität geführt. Nach Auflösung der Sowjetunion haben sich Spannungen zwischen Staaten gelöst. Aber an vielen Stellen entstanden neue Konflikte, wie beispielsweise in Syrien, in der Ukraine und als Drohgebärden zwischen den USA und Nordkorea. Precht fragt sinngemäß: Warum eigentlich, wenn sich doch seit langer Zeit in der Welt kein Krieg mehr siegreich führen und beenden ließ? Warum fehlt die Intelligenz, die über dem Konflikt steht? Warum sind die Vereinten Nationen (UN), nicht in die Rolle des Weltschiedsrichters hineingewachsen? Für Kujat ist hier die Autorität des UN-Sicherheitsrates die zentrale Frage. Von besonderer Bedeutung für die internationalen Beziehungen sind, beginnend ab 1975, regelmäßige Gipfeltreffen von Staats- und Regierungschefs. Sie begannen als Gruppe der 6 (G6) noch ohne Kanada und setzten sich noch im gleichen Jahr fort als Gruppe der 7 (G7). Es war ein informeller Zusammenschluss der bedeutendsten Industriestaaten: Deutschland, Frankreich, Italien, Japan, Kanada, das Vereinigte Königreich und die Vereinigten Staaten. Von 1998 – 2014 gab es eine Gruppe der 8 (G8) mit Russland. Die Gruppe der 20 (G20) ist ein seit 1999 bestehender informeller Zusammenschluss aus 19 Staaten und der Europäischen Union. Zu den Mitgliedstaaten gehören auch Deutschland, Frankreich, das Vereinigte Königreich und Italien. Das zusätzliche Mitglied Europäische Union vertritt auch die anderen EU-Staaten. Der Zusammenschluss umfasst die wichtigsten Industrie- und Schwellenländer. Er dient dem Austausch von globalen Themen und der Koordination der zu ergreifenden Maßnahmen. Zu den vielen Themen gehört die noch nicht beseitigte atomare Bedrohung, der Klimawandel, Frauenrechte, das Bildungswesen und die Bekämpfung der Armut und des Terrorismus.

[1] (ZDF-Magazin, 21.05.2017)

Wie geht es weiter?

Wie sind die Grundbedingungen für Deutschland, Europa und die Welt? In Deutschland haben wir eine neue Regierung. Bundespräsident Frank-Walter Steinmeier sprach anlässlich der am 14.03.2018 erfolgten Ernennung des neuen Bundeskabinetts von „Bewährungsjahren für die Demokratie". Er wies damit auf den Umfang und die Vielschichtigkeit der Aufgaben hin, die der Bundeskanzlerin und ihren neu ernannten 6 Bundesministerinnen und 9 Bundesministern bevorstehen. „In unserem Land hat sich etwas verändert" sagte Angela Merkel auch in ihrer Regierungserklärung vor dem Deutschen Bundestag. Die Flüchtlingskriese sei eine humanitäre Ausnahmesituation. Die Diskussion darüber sei polarisiert, die Gesellschaft rauer geworden. Der Koalitionsvertrag gebe Antworten auf bestehende Probleme. Aber beim menschlichen

Zusammenleben seien wir längst nicht am Ziel. Deutschland habe eine christlich-jüdische Prägung. Aber die Religion der mittlerweile in Deutschland lebenden viereinhalb Millionen Muslime, der Islam, sei inzwischen auch ein Teil Deutschlands. Entscheidende Grundlage sei Artikel 1 des Grundgesetzes. Damit hätten Gewalt, Rassismus und Antisemitismus in unserem Rechtsstaat keinen Platz. Ziel sei eine Gesellschaft, geprägt von Menschlichkeit, Gerechtigkeit und Zusammenhalt. „Kinderarmut ist eine Schande".

Auch Europa ändert sich. Emmanuel Macron, seit dem 14.05.2017 Staatspräsident von Frankreich, hielt dazu vier bemerkenswerte Reden. Die erste schon als Präsidentschaftskandidat an der Berliner Humboldt-Universität. Er plädierte für ein „souveränes, vereintes demokratisches Europa". Mit Blick auf die gemeinsame Verantwortung beider Länder bezeichnete er die deutsch-französische Versöhnung als „eine unserer größten Leistungen". In seiner zweiten großen Europarede sprach Macron vor den französischen Botschaftern über die Ziele der französischen Außenpolitik. Die dritte Rede hielt er Anfang September in Athen, dem Geburtsort der Demokratie. Seine vierte Rede hielt er vor tausend Studenten an der Pariser Sorbonne. Er wollte damit zeigen, dass es bei der Neufindung Europas vor allem um die Jugend Europas geht. Die Deutsche Bundeskanzlerin kommt dem Französischen Staatspräsidenten entgegen. „Unsere Zukunft liegt im Zusammenhalt Europas", sagte sie in ihrer Regierungserklärung: „Nicht in Kleinstaaterei, nicht im Rückzug auf sich selbst, nicht in nationalen Egoismen". Nur gemeinsam könne die Europäische Union ihre

Souveränität, ihre Interessen und ihre Werte verteidigen und den Wohlstand sichern.

Das menschliche Zusammenleben auf unserer Welt umfasst alle Menschen. Deren Beziehungen sind immer enger miteinander verknüpft durch digitale Kommunikationswege und wirtschaftliche Verflechtungen. Zentrale Fragen sind die immer noch bestehende atomare Bedrohung, der Klimawandel und die Energiewende, Frauenrechte, Digitalisierung und Bildung, Terrorismus, Migration, die Armut auf der Welt und die Bekämpfung von Fluchtursachen in den Herkunftsländern. Als Beispiel für die fortbestehende atomare Bedrohung sei an die gegenseitigen Provokationen und verbalen Attacken des nordkoreanischen Machthabers Kim Jong Un und des US-Präsidenten Donald Trump erinnert. Die bei einem Test Ende 2017 von Nordkorea abgeschossene Rakete flog zehn mal so hoch wie die internationale Raumstation und stürzte unweit von Nordkoreas Staatsgebiet ins Meer. In seiner dann folgenden Neujahrsansprache sagte Kim, die gesamten Vereinigten Staaten lägen in der Reichweite seiner Kernwaffen. US-Präsident Trump drohte entsprechend heftig zurück. Anschliessend bemühte man sich um eine friedliche Lösung des Konfliktes.

Eine der zentralen Antworten auf den Klimawandel ist nach Verlautbarung der Deutschen Bundesregierung die Energiewende. Mit den geplanten Maßnahmen werde sich der CO_2-Ausstoß bei uns senken lassen. Bei Staaten, die im Klimaschutz weniger ambitioniert sind oder gar den Klimawandel leugnen, ist darauf hinzuarbeiten, dass für sie international gleiche oder zumindest ähnliche Klimavorschriften gelten.

Die Frauenrechte sind Menschenrechte. Dabei haben sich im Laufe der Jahrtausende, in den Kulturkreisen unterschiedliche, Formen der Vorherrschaft von Männern entwickelt. Erst während der Französischen Revolution Ende des 18. Jahrhunderts kam es auch zum Kampf um die Rechte der Frau. Die weltweite Umsetzung wirft nach wie vor Probleme auf.

Die Digitalisierung verändert weltweit Bildungssysteme, Unternehmen und das Privatleben. Unsere Enkel lernen als „Digital Natives" häufig schon im Babyalter auf Tablets und Smartphones den Umgang mit Computern zugleich mit ihrer Muttersprache. Vollerwerbstätige Alleinerziehende oder Menschen in entlegenen Teilen der Erde können auf digitalem Wege erstmals Zugang zu Bildungsmöglichkeiten erhalten.

Terrorismus, Migration, Armut und Bekämpfung von Fluchtursachen sind im Zusammenhang zu sehen. Der Begriff „Terrorist" kann im Auge des Betrachters liegen: Wer für den einen ein Terrorist ist, kann für die andere Seite ein Freiheitskämpfer sein. Fluchtursachen sind Armut, Unterdrückung und Krieg, oder auch die Verknappung von Wasser und Rohstoffen. Laut der Organisation „Brot für die Welt" sind mehr als 65 Millionen Menschen weltweit auf der Flucht. Je länger ein Konflikt dauert, desto drängender wird bei vielen der Zwang, die angestammte Region zu verlassen. Die Menschen suchen einen Weg, um irgendwo zu leben, zu arbeiten, Geld zu verdienen und den Kindern in einer Schule und auf ihrem weiteren Lebensweg eine Entwicklungsmöglichkeit zu schaffen. Wie geht es also weiter?

Es bleibt spannend!

Über den Autor

Das menschliche Zusammenleben ist das Gebiet der Soziologie. Paul Meyer hat nach dem Diplom in Volkswirtschaft im Fach Soziologie promoviert. Er war vierzig Jahre in der industriellen Personalarbeit tätig, schrieb Fachbücher darüber und leitete Universitätsseminare. Daneben schrieb er über das Zusammenleben in Gemeinden und Familien.